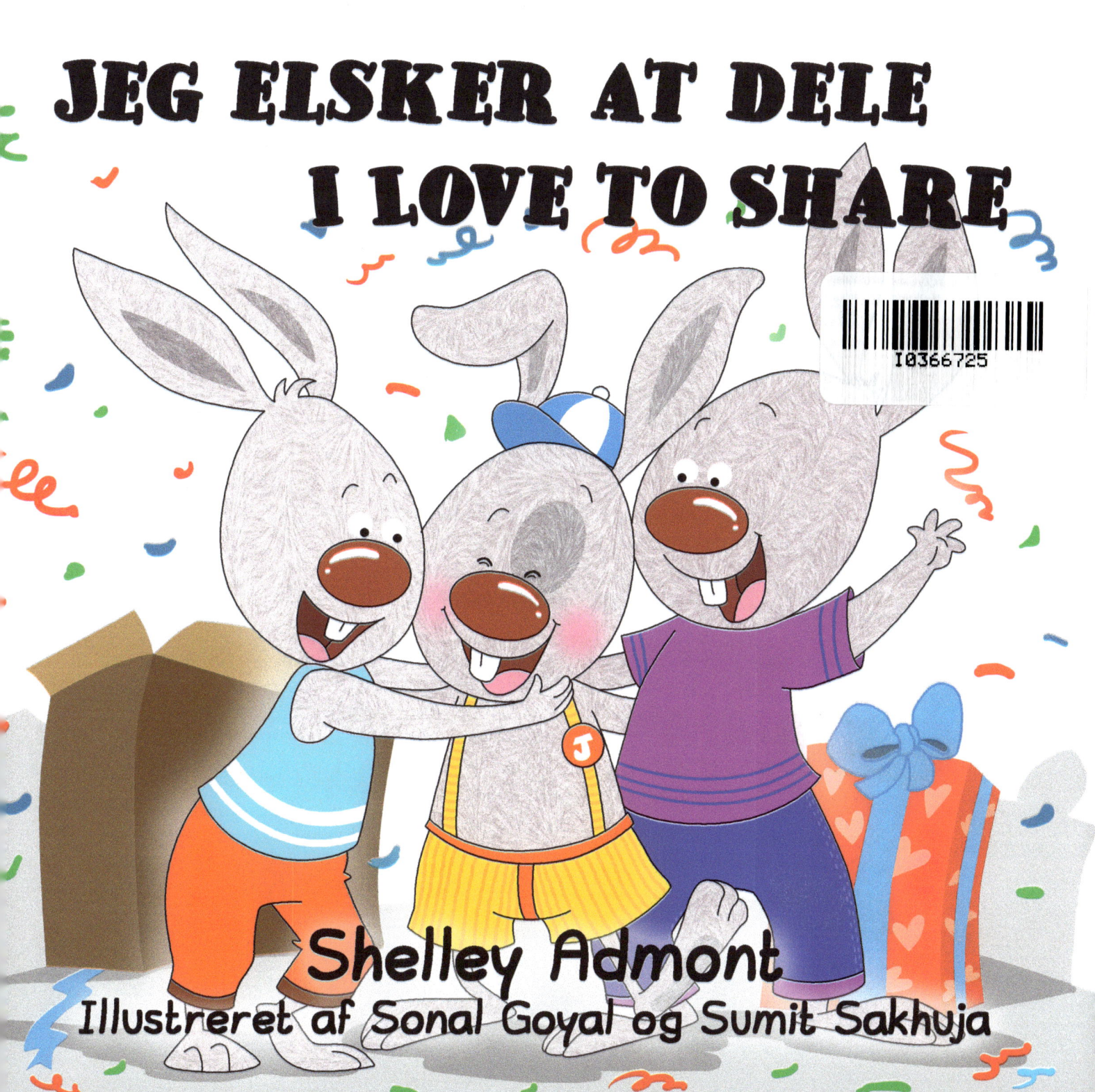

www.sachildrensbooks.com
Copyright©2015 by S. A. Publishing ©2017 by KidKiddos Books Ltd.
innans@gmail.com

All rights reserved. No part of this book may be reproduced in any form or by any electronic or mechanical means, including information storage and retrieval systems, without written permission from the publisher or author, except in the case of a reviewer, who may quote brief passages embodied in critical articles or in a review.
Alle rettigheder forbeholdes.
First edition, 2017

Translated from English by Nancy Jørgensen
Oversat fra Engelsk af Nancy Jørgensen

I Love to Share (Danish English Bilingual Edition)/ Shelley Admont
ISBN: 978-1-5259-0251-2 paperback
ISBN: 978-1-5259-0252-9 hardcover
ISBN: 978-1-5259-0250-5 eBook

Please note that the Danish and English versions of the story have been written to be as close as possible. However, in some cases they differ in order to accommodate nuances and fluidity of each language.
Although the author and the publisher have made every effort to ensure the accuracy and completeness of information contained in this book, we assume no responsibility for errors, inaccuracies, omission, inconsistency, or consequences from such information.

Til dem jeg elsker mest—S.A.
For those I love the most—S.A.

"Se hvor meget nyt legetøj jeg har," sagde den lille kanin Jimmy, mens han kiggede rundt i værelset.

"Look at how many new toys I have," said Jimmy the little bunny, looking around the room.

Hans fødselsdag var forbi, og værelset var fyldt med gaver.

His birthday party was over and the room was full of presents.

"Åh, din fødselsdagsfest var så sjov Jimmy," sagde hans mellemste bror.

"Oh, your birthday party was so fun, Jimmy," his middle brother said.

"Lad og lege," sagde den ældste bror. Han tog den største kasse. "Der er et stort tog i kassen!"

"Let's play," said his oldest brother. He took the largest box. "There's a huge train inside!"

Pludselig sprang Jimmy op og tog æsken. "Fingrene væk! Det er mit tog!" sagde han grædende. "Alle gaverne er MINE!"

*Suddenly, Jimmy jumped to his feet and grabbed the box. "Don't touch it! It's my train!" he cried. "All these presents are **MINE!**"*

"Men Jimmy," sagde den ældste bror, "vi leger da altid sammen. Hvad er der sket med dig i dag?"

"But, Jimmy," said the oldest brother, "we always play together. What happened to you today?"

"I dag er det MIN fødselsdag, og alt legetøjet er MIT," skreg Jimmy.

"Today is MY birthday. And these are MY toys," Jimmy screamed.

"Vi må hellere gå ud og spille basketball," sagde den ældste bror. Han kiggede ud af vinduet. "Det er dejligt solskinsvejr i dag."

"We better go play basketball," said the oldest brother. He glanced out the window. "It's nice and sunny today."

De to kaninbrødre tog en bold og gik udenfor. Jimmy blev indenfor på sit værelse.

The two bunny brothers took a ball and went outside. Jimmy stayed in the room on his own.

"Juhuu!" udbrød han. "Nu har jeg alt legetøjet for mig selv! Jeg kan gøre lige, hvad jeg vil!"

"Yeah!" he exclaimed. "Now all the toys are for me! I can do whatever I want!"

Glad tog han en stor æske og åbnede den. Inde i den fandt han en togbane og et nyt farverigt tog. Det eneste, han manglede, var at samle togbanen.

He took a large box and opened it happily. Inside he found a rail trail and a new colorful train. He just needed to put the rail trail together.

"Åh, delene er for små!" sagde han, mens han holdt banedelene i hånden. " Hvordan skal jeg sætte dem sammen?"

"Oh, these pieces are too small!" he said, holding the rail trail parts. "How should I connect them together?"

Det lykkedes ham at få bygget togbanen, men en af skinnerne var i stykker. Da han endelig tændte for sit farverige tog, sad det fast på banen.

Somehow he built the rail line, but it came out crooked. When he finally turned on his new colorful train, it got stuck on the track.

Jimmy kiggede rundt og fandt en anden æske.

Jimmy looked around and spotted another box.

"Det er lige meget. Jeg har masser af nyt legetøj," sagde han og tog en anden gave. Inde i pakken var der superheltelegetøj.

"No worries. I have more new toys," he said and took another present. Inside there were superhero toys.

"Wuaw!" udbrød Jimmy. Han begyndte at løbe rundt i værelset med sit nye superheltelegetøj i hænderne.

"Wow!" exclaimed Jimmy. He started to run around the room with new superhero toys in his hands.

Der gik ikke længe, før han begyndte at kede sig. Han prøvede alt. Han legede med sin favoritbamse, og han åbnede endda alle sine gaver, men det var slet ikke sjovt.

Soon he became tired and bored. He tried everything. He played with his favorite teddy bear and he even opened all his presents, but it was not fun at all.

Jimmy kiggede ud af vinduet, og så hans brødre hyggede sig med at spille med deres bold. Solen skinnede, og de grinede og havde det sjovt.

Jimmy watched through the window and saw his brothers playing cheerfully with their basketball. The sun was shining brightly, and they were laughing and enjoying themselves.

"Hvordan kan de have det så sjovt? De har kun en bold!" sagde Jimmy. "Alt det andet legetøj er her hos mig."

How are they having so much fun? They only have one basketball! thought Jimmy. All the other toys are here with me.

Pludselig hørte han en underlig stemme.
"De DELER," sagde den.

Then he heard a strange voice.
"They SHARE," it said.

Jimmy så sig omkring og stirrede på sengen, hvor hans bamse sad. Stemmen kom derfra.
Jimmy looked around the room, staring at his bed where his teddy bear sat. The voice came from there.

"Hvad?" hviskede han.
"What?" he whispered.

"De deler," gentog hans bamse med et smil.
"They share," repeated his teddy bear with a smile.

Jimmy så overrasket på ham. Han havde aldrig troet, at det at dele kunne være sjovt.
Jimmy looked at him amazed. He never thought that sharing could be fun.

Han rystede på hovedet. "Nej... Jeg kan ikke lide at dele. Jeg elsker mit legetøj."
He shook his head. "No...I don't like to share. I love my toys."

"Prøv det," insisterede hans bamse. "Bare prøv det."

"Try it," insisted his teddy bear. "Just try it."

I mellemtiden ændrede vejret sig. Mørke skyer dækkede himlen og store regndråber begyndte at falde til jorden.

Meanwhile the weather changed. Dark clouds covered the sky and large raindrops started falling to the ground.

Grinende løb de to kaninbrødre ind i huset.

Laughing, the two bunny brothers ran into the house.

"Åh, I er helt våde," sagde mor. "Gå ind og skift tøj, så laver jeg noget varm kakao til jer."

"Oh, you're all wet," said Mom. "Go change your clothes and I'll make you hot chocolate."

"Kom Jimmy, vil du også have varm kakao?" spurgte hun. Jimmy nikkede.

"Come, Jimmy, do you want hot chocolate too?" she asked. Jimmy nodded.

Mor åbnede køleskabet for at tage mælken. " Se, der er et lille stykke af din fødselsdagskage tilbage."

Mom opened the fridge to grab the milk. "Look, there's a small piece of your birthday cake left."

Jimmy skyndte sig at komme på fødderne. "Jubii, må jeg få det? Det smagte så godt!"

Jimmy jumped to his feet. "Yeah, can I have it? It was so tasty!"

På samme tidspunkt kom hans brødre ind i køkkenet.

At that moment, his brothers entered the kitchen.

"Sagde du kage?" spurgte den mellemste bror.

"Did you say cake?" asked the middle brother.

"Jeg vil gerne have et stykke," tilføjede den ældste bror.

"I'd like a piece," added the oldest brother.

Deres far fulgte efter dem. "Er det en... fødselsdagskage?"

Their father followed them. "Is this a...birthday cake?"

Mor smilede blidt.
"Åh... Der er faktisk kun et lille stykke tilbage, og vi er fem."

Mom smiled softly. "Ahh...there is actually a tiny little piece left. And there are five of us."

Jimmy kiggede på sin elskede familie og mærkede en varm følelse sprede sig fra hjertet. Han vidste, hvad han var nødt til at gøre, og det føltes godt.

Jimmy looked at his loving family and felt a warm feeling spread from his heart. He knew what he needed to do and it felt so good.

"Vi kan dele," sagde han. "Vi kan skære det i fem stykker."

"We can share," he said. "Let's cut it into five pieces."

Alle i kaninfamilien nikkede. Så satte de sig alle ned og nød et stykke fødselsdagskage og varm kakao.

All the members of the bunny family nodded their heads. Then they sat around the table and everyone enjoyed a piece of birthday cake and a hot chocolate.

Jimmy kiggede på deres smilende ansigter og tænkte, at det at dele faktisk føltes rigtig godt.

Jimmy glanced at their smiling faces and thought, Sharing can actually feel very nice after all.

Da de var færdige, kom mor hen til Jimmy og gav ham et kæmpe kram. "Tillykke med fødselsdagen skat," sagde hun.

When they finished, Mom came to Jimmy and gave him a huge hug. "Happy birthday, honey," she said.

De to ældre brødre og deres far samlede sig om dem og delte familiekrammeren.

The two older brothers and their dad gathered around them and shared the family hug.

"Tillykke med fødselsdagen Jimmy!" skreg de i kor.

"Happy birthday, Jimmy," they screamed together.

Jimmy smilede. "Vil i lege med mit legetøj?" spurgte han sine brødre. "Jeg har et nyt tog og nye superhelte."

Jimmy smiled. "Do you want to play with my toys?" he asked his brothers. "I have a new train and new superheroes."

"Jaaa! Lad os lege!" råbte kaninbrødrene.
"Yeah! Let's play!" shouted the bunny brothers.

Jimmy og hans brødre byggede en perfekt togbane sammen. Toget fløjtede og kørte hurtigt rundt på banen.
Together Jimmy and his brothers built a perfect rail trail. The train whistled and ran fast around the track.

Så åbnede de alle gaverne og legede med alt det nye legetøj.
Then they opened the presents and played with all their toys.

Fra den dag af elskede Jimmy at dele. Han sagde endda: "At dele er sjovt."

From then on, Jimmy loved to share. He even said that sharing is fun!